AF321130

NOTICE

SUR

L'ABBÉ BRASSAUD

CHANOINE HONORAIRE

CURÉ ARCHIPRÊTRE

DES MARENNES.

MARENNES,

IMPRIMERIE A. FLORENTIN AINÉ.

—

Avril 1876.

M. L'ABBÉ

FRÉDÉRIC BRASSAUD.

Le diocèse de La Rochelle compte un nouveau deuil : M. l'abbé BRASSAUD, chanoine honoraire, archiprêtre, curé de Marennes, est décédé le 2 avril, après de longues et cruelles souffrances.

Il était âgé de soixante-dix ans.

Nous nous étendrons peu longuement sur la vie si bien remplie de ce prêtre vénérable ; le temps nous manque, et nous sommes encore trop sous l'impression de l'émouvant et consolant spectacle de son agonie.

M. l'abbé Jean-Baptiste-Frédéric Brassaud est né à Saint-Jean-d'Angély le

11 novembre 1805. Il fit ses études au Petit Séminaire qui existait alors dans cette ville, et Saint-Sulpice le compta ensuite au nombre de ses élèves en théologie.

Lorsque le bon abbé Fradin, de sainte et vénérée mémoire, crut devoir se démettre de sa cure de Marennes, l'abbé Brassaud ne lui fut pas immédiatement donné pour successeur. Le mouvement que la retraite de M. Fradin allait produire dans le personnel du clergé avait porté Mgr Villecourt à [envoyer à Marennes un des curés de sa ville épiscopale (*) et à le remplacer par l'abbé Brassaud, alors desservant de la paroisse de Cravant. Mais des circonstances imprévues firent échouer cette combinaison, et l'abbé Brassaud nous fut envoyé. L'abbé Courcelle, vicaire géné-

______

(*) M. l'abbé Petit, curé de Saint-Nicolas, aujourd'hui Doyen du Chapitre.

ral, vint procéder d'une manière solennelle à son installation le 22 janvier 1843.

Il y a donc 33 ans que l'abbé Brassaud était au milieu de nous.

Fils du conservateur des Hypothèques et receveur de l'Enregistrement de Saint-Jean-d'Angély, il puisa dans une bonne éducation de famille ces formes agréables et distinguées qui furent le caractère dominant de ses relations sociales ; esprit conciliant, il s'appliqua à éviter les difficultés qui naissent quelquefois du contact de deux cultes; et lorsqu'il en surgissait, il s'employait à les aplanir dans la mesure que lui dictait le devoir et que commandait la plus vulgaire équité.

L'administration de sa paroisse l'absorba tout entier. Son église reçut une appropriation intérieure qui dénotait de sa part du goût et beaucoup de respect pour la maison de Dieu. D'une grande sévérité de mœurs, il fut pour ses confrères un modèle et un ami.

Ses paroissiens l'avaient en haute estime et grande vénération. Ils lui en donnèrent le plus éclatant témoignage pendant une première et bien cruelle maladie, dont il guérit grâce aux instantes prières qui furent dites pour lui à cette occasion, grâce surtout aux soins que lui prodigua sa famille où il trouva dans le mari de sa sœur un véritable frère, (*) qu'il affectionnait tout particulièrement, et de qui, dix ans plus tard, il recevra, à son lit de mort, des preuves nouvelles d'attachement et des consolations.

Ces graves atteintes d'un mal qui devait reparaître avec un surcroit de complications qui ont fait de l'abbé Brassaud un vrai martyr, avaient engagé l'autorité diocésaine à offrir à M. le curé de Marennes

(*) M. Félix Leps, négociant à Rochefort.

un poste plus tranquille qui aurait été pour lui la récompense d'une vie d'abnégation et de labeur. Il refusa.

La distinction de manières qui caractérisait l'abbé Brassaud, sa réputation d'homme de paix et d'homme de bien l'avaient d'ailleurs signalé, en haut lieu, pour les honneurs de l'épiscopat. Vers le milieu de l'Empire, il fut sérieusement question de le nommer à un évêché. La Providence en décida autrement; Elle nous le laissa, voulant sans doute qu'à l'école d'un si bon pasteur, nous apprissions a souffrir avec patience et résignation, et que son lit de douleur devint, aux dernières heures de sa vie, une éloquente chaire d'où la parole de l'apôtre, jointe aux suprêmes conseils du père et de l'ami, opérerait encore les plus fructueux fruits.

C'est en vain que l'abbé Brassaud lutte contre la violence du mal dont il souffre depuis si longtemps ; c'est en vain que sa famille, ses amis, ses paroissiens l'entourent des soins les plus délicats, des attentions les plus affectueuses : tous les efforts sont inutiles ; c'est la mort qui s'annonce laissant encore une petite marge à ceux qui espèrent contre toute espérance ; mais c'est la mort avec son triste cortége de souffrances et le douloureux moment de la séparation. Tout cet hiver l'abbé Brassaud mena une vie de langueur et d'épuisement. Aux fêtes de la Noël, il s'arma d'un saint courage pour accomplir les devoirs de son ministère ; il lui fallut réellement l'ardeur de sa foi, le dévouement le plus paternel, le zèle le plus admirable pour lui faire oublier ses atroces douleurs. Ce fut le dernier adieu à son Église, le dernier témoignage public de son attachement pour ses frères : la nature n'en pouvait plus ; toute guérison était impossible ;

il n'y avait qu'à attendre l'heure fixée par Dieu.

Cette heure, si anxieusement attendue, vient de sonner. La sentant approcher à grand pas, l'abbé Brassaud, quatre jours auparavant, se fit transporter à l'Église, accompagné de ses vicaires, du Père missionnaire, et d'une foule attendrie. A genoux vis-à-vis l'autel, dans un recueillement profond, il se fit communier en viatique. Touchant spectacle d'un soldat du Christ qui veut mourir sur la brèche, admirable effusion du Pasteur et du Père de famille qui ne peut se résoudre à se séparer de ses brebis, de ses enfants ! Que se passa-t-il dans le cœur de l'abbé Brassaud pendant cette solennelle visite au Dieu caché dans le Tabernacle ? Le Ciel seul le sait. Nous ne pouvons que pressentir les ineffables consolations dont son âme fut inondée. Que de souvenirs, en effet, ont dû envelopper son esprit lorsqu'il s'est remémoré les trente-trois années de son ministère pastoral dans la paroisse de Marennes ! Que d'évênements accomplis durant cette longue période d'années ! que d'absents au bercail, que d'amis disparus qu'il allait rejoindre dans l'éternité après leur en avoir tracé la route ! Ainsi s'achève l'existence humaine, et, comme le divin maître, il a pu se rendre le témoignage d'avoir passé en faisant le bien.

Cette scène attendrissante était les préludes de l'agonie. L'abbé Brassaud se remit au lit et ne se leva plus. Il voulut que pendant le reste de la journée et celle qui a suivi, le presbytère fut ouvert à tout le monde et sa chambre accessible à ses paroissiens. Jamais on ne vit un empressement plus grand ; on ne se rappelle pas avoir assisté jamais à un témoignage plus manifeste de l'estime et de l'amour qu'a su inspirer à toute une population un Prêtre du Seigneur vraiment digne de ce nom. Catholiques et protestants se sont rendus à la couche du moribond, qui en fit, par une recrudescence de zèle et de charité sacerdotale, une véritable chaire d'apostolat. L'abbé Brassaud eut pour chacun en particulier des paroles affectueuses, paternelles, consolantes appropriées à la situation propre de son visiteur. Aux uns il recommanda la confiance en Dieu, la persévérance dans la pratique des Sacrements ou le retour aux devoirs du chrétien ; aux autres l'union des familles, la paix du cœur, le courage dans les épreuves ; à tous la concorde et la fidélité à rester enserrés dans les liens sacrés de l'unité. L'accent singulièrement ému avec lequel furent dites ces paroles, l'aspect radieux de ce visage que la foi la plus vive aux destinées immortelles avait comme transfiguré, produisit une sensation tellement profonde que les plus insensibles ne purent retenir leurs larmes. Des promesses de communions pascales furent le résultat de cette prédication d'un mourant dont la voix réalisait de véritables prodiges jusques sur le seuil de l'éternité.

Ce dernier effort de charité pastorale plongea l'abbé Brassaud dans une très-grande faiblesse. L'agonie commença. « Je ne puis plus parler », balbutiait-il aux rares visiteurs qui furent admis, le lendemain, auprès de son lit ; et par un serrement de main il leur exprimait tout ce qu'il ressentait d'affection pour eux. « Sacré-Cœur de Jésus », répétait-il souvent, « ayez pitié de moi » ; — « Cœur immaculé de Marie, priez pour moi. » Telles furent les invocations réitérées que ses lèvres, expression bien imparfaite de son cœur, ne cessèrent de répéter jusqu'à ses derniers instants, c'est-à-dire jusqu'au moment où il put aller les redire éternellement dans le sein de Celui qu'il avait ici-bas beaucoup aimé.

A. L.

Maromres, Imp Florentin aîné.